Ein Lerntagebuch anlegen

① Im Lerntagebuch notierst du, was du wann gelernt hast.

② Notiere deine Lernerlebnisse in einem Heft oder auf fertigen Blättern.

③ Trage zu jedem Eintrag das Datum ein.

④ Du kannst deine Lernerlebnisse beschreiben oder dazu malen.

Mein Lerntagebuch (Teil 1)

1  Die Methode hat mir gefallen: Die Übung zur Methode konnte ich: Datum: ______	2  Die Methode hat mir gefallen: Die Übung zur Methode konnte ich: Datum: ______	3  Die Methode hat mir gefallen: Die Übung zur Methode konnte ich: Datum: ______	4 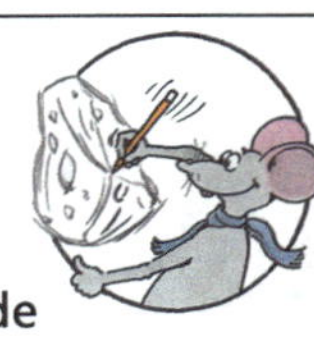 Die Methode hat mir gefallen: Die Übung zur Methode konnte ich: Datum: ______	5  Die Methode hat mir gefallen: Die Übung zur Methode konnte ich: Datum: ______
6  Die Methode hat mir gefallen: Die Übung zur Methode konnte ich: Datum: ______	7  Die Methode hat mir gefallen: Die Übung zur Methode konnte ich: Datum: ______	8  Die Methode hat mir gefallen: Die Übung zur Methode konnte ich: Datum: ______	9  Die Methode hat mir gefallen: Die Übung zur Methode konnte ich: Datum: ______	10 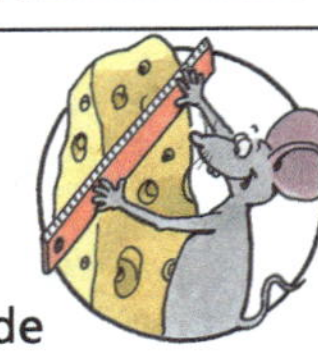 Die Methode hat mir gefallen: Die Übung zur Methode konnte ich: Datum: ______

Ein Lerntagebuch führen

① Überlege dir, ob dir die Methode gefallen hat.

② Überlege dir, ob du die Übung zu der Methode bearbeiten konntest.

③ Gib eine Bewertung ab. Suche dir das Zeichen aus. Trage dieses im Lerntagebuch ein.

Bewertungsvorschläge			
			richtig gut
			mittel gut
			noch nicht so gut

④ Auf der Umschlagseite hinten kannst du ankreuzen, wie gut du die Aufgaben bearbeiten konntest.

Mein Lerntagebuch (Teil 2)

11  Die Methode hat mir gefallen: Die Übung zur Methode konnte ich: Datum: ________	12  Die Methode hat mir gefallen: Die Übung zur Methode konnte ich: Datum: ________	13  Die Methode hat mir gefallen: Die Übung zur Methode konnte ich: Datum: ________	14  Die Methode hat mir gefallen: Die Übung zur Methode konnte ich: Datum: ________	15  Die Methode hat mir gefallen: Die Übung zur Methode konnte ich: Datum: ________
16  Die Methode hat mir gefallen: Die Übung zur Methode konnte ich: Datum: ________	17  Die Methode hat mir gefallen: Die Übung zur Methode konnte ich: Datum: ________	18  Die Methode hat mir gefallen: Die Übung zur Methode konnte ich: Datum: ________	19  Die Methode hat mir gefallen: Die Übung zur Methode konnte ich: Datum: ________	20  Die Methode hat mir gefallen: Die Übung zur Methode konnte ich: Datum: ________

Ausmalen

① Lege dir deine Buntstifte und den Anspitzer bereit.

② Betrachte die Vorlagen. Benutze beim Ausmalen nur die Farben, die auch der Vorlage entsprechen.

③ Achte beim Ausmalen darauf, dass du die Flächen sauber ausmalst.

④ Drücke beim Malen von hellen Farben den Buntstift nur leicht auf.

Buntspecht

Heckenrose

⑤ Male nach den Vorlagen die Heckenrose und den Buntspecht aus.

⑥ Konzentriere dich beim Ausmalen darauf, dass du die Linien nicht übermalst.

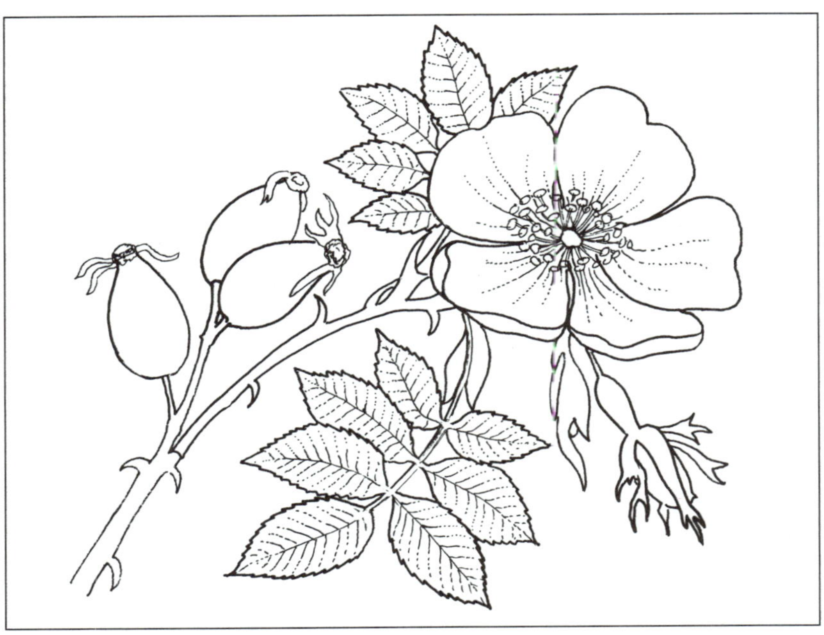

Skizzieren und beschriften

① Benutze beim Skizzieren eine Unterlage.

② Betrachte, was du skizzieren möchtest.

③ Markiere dir Hilfspunkte oder zeichne Hilfslinien.

④ Verbinde die Hilfslinien und Hilfspunkte zu Umrisslinien.

⑤ Male die Skizze an.

4

⑥ Vervollständige die Skizze und male den Löwenzahn an.

⑦ Beschrifte die Skizze.

Sammeln und sortieren

① Sammle Blätter von verschiedenen Laubbäumen.

② Betrachte die Blätter und achte auf ihre Merkmale.

③ Sortiere die Blätter nach der Form, der Größe oder der Form der Blattränder.

④ Die Blätter einer Baumart kannst du auch nach Farben sortieren.

⑤ Sammle und sortiere andere Dinge, zum Beispiel die Früchte der Bäume.

Das Bestimmungsbuch gehört zu Seite 6.

④ Birke

⑤ Eiche

⑥ Erle

⑦ Ahorn

⑧ Kastanie

Mein Baum-Bestimmungsbuch

Name: ____________________

①

② Buche

Linde ③

Bestimmen

① Zum Bestimmen von Pflanzen oder Tieren werden Bestimmungsbücher benutzt.

② Zum Bestimmen wird die Pflanze oder das Tier betrachtet und nach bestimmten Merkmalen gesucht.

③ Bäume können zum Beispiel nach folgenden Merkmalen bestimmt werden: – Blätter – Blüten – Früchte – Rinde

④ Bäume lassen sich gut über die Blätter und Früchte bestimmen. Vergleiche dazu die Blätter und Früchte mit den Abbildungen in den Bestimmungsbüchern.

⑤ Nach der Faltanleitung kannst du dir ein kleines Baum-Bestimmungsbuch basteln.

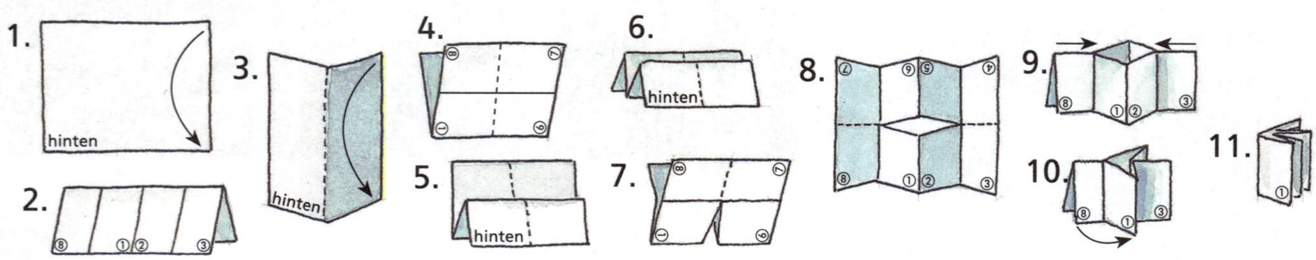

⑤ Trenne die Seite heraus. Bastel dir das Bestimmungsbuch. (– – – Schneiden, ······· Falten)

⑮ Robinie

⑭ Eberesche

⑬ Ulme

⑫ Platane

⑯ Tanne

Lärche ⑨

⑩ Kiefer

Fichte ⑪

Untersuchen

① Im Sachunterricht bedeutet „untersuchen“, etwas zu überprüfen oder herauszufinden, wie etwas aussieht oder funktioniert.

② Zunächst musst du beobachten (z. B. Tiere) oder betrachten (z. B. Pflanzen, Dinge).

③ Zum Untersuchen kannst du Hilfsmittel benutzen, zum Beispiel eine Lupe.

④ Zeichne oder notiere deine Untersuchungsergebnisse.

⑤ Untersuche verschiedene Gegenstände, zum Beispiel Blätter, Steine, unterschiedliche Papiersorten oder Kleidung.

⑥ Betrachte zuerst ohne Lupe verschiedene Papiersorten, zum Beispiel Schreibpapier, Zeitungspapier, Taschentuchpapier, Küchenrollenpapier.

⑦ Untersuche die Papiersorten dann mit einer Lupe. Skizziere, was du siehst.

 Schreibpapier	 Zeitungspapier	 Papiertaschentuch	 Küchenrolle

⑧ Vergleiche, was du mit bloßem Auge und was du mit der Lupe sehen konntest.

⑨ Untersuche weitere Gegenstände mit der Lupe. Skizziere, was du siehst.

______	______	______	______

Pflegen

① Im Sachunterricht bedeutet „pflegen“, alles Nötige zu tun, damit es Tieren oder Pflanzen gut geht.

② Um Tiere oder Pflanzen richtig zu pflegen, benötigst du den passenden Pflegeplan.

③ Wird ein Tier in einem Käfig gehalten, muss bei der Tierpflege beachtet werden:
- Wo darf der Käfig aufgestellt werden?
- Wie oft muss der Käfig gereinigt werden?
- Was frisst das Tier?
- Wie oft müssen Nahrung und Trinkwasser ausgetauscht werden?
- Was muss ich noch tun, damit sich das Tier wohlfühlt (z. B. frei laufen lassen)?

④ Pflanzen müssen gepflegt werden, damit sie gut wachsen:
- Wo muss die Pflanze stehen (Licht/Schatten)?
- Wie oft muss die Pflanze gegossen werden?
- Welche Erde benötigt die Pflanze?
- Muss die Pflanze gedüngt werden?

⑤ Beschaffe dir einen Blumentopf oder einen kleinen Blumenkasten.

⑥ Befülle das Gefäß mit Erde.

⑦ Säe Pflanzensamen deiner Wahl aus. Halte die Erde immer gut feucht.

⑧ Lies auf der Samentüte nach, wie die Pflanzen, die sich aus dem Samen entwickeln, später zu pflegen sind.

⑨ Notiere dir die wichtigen Angaben für den Pflegeplan.

⑩ Beobachte und protokolliere die Entwicklung und das Wachstum der Pflanzen (siehe Seite 9).

⑪ Du kannst Pflanzensamen auch in einem Beet aussäen.

Protokollieren

① Protokollieren bedeutet, zu notieren, was man beobachtet oder betrachtet hat.

② Kleine Skizzen ergänzen die Notizen.

③ Beobachtungen werden in der zeitlichen Reihenfolge notiert.

④ Bei Beobachtungen über einen längeren Zeitraum ist es wichtig, das Datum zu notieren.

⑤ Protokolliere die Entwicklung vom Samen zur Pflanze. Notiere einmal wöchentlich deine Beobachtungen.

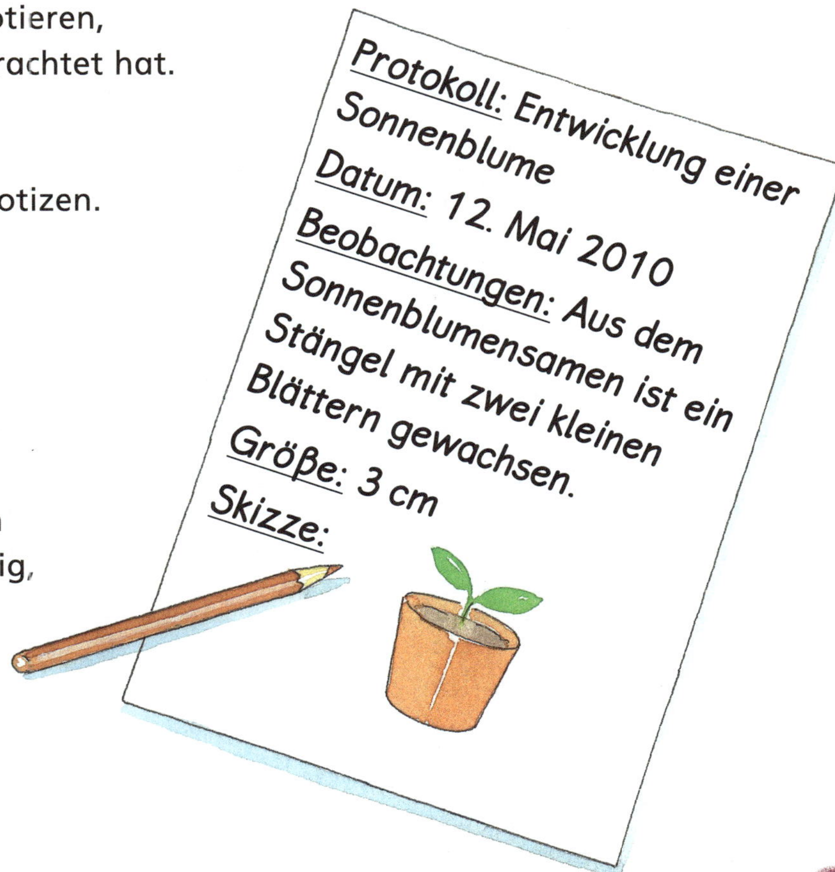

9

⑥ Beobachtungsprotokoll ______________________________

Datum:				
Beobach-tungen:				
Größe der Pflanze in cm:				
Pflanzenskizze:				

Messen

① Zum Messen werden besondere Messgeräte benötigt.

② Die Messergebnisse werden in Maßeinheiten angegeben.

③ 

Mit einer Uhr oder einer Stoppuhr wird die Zeit in Stunden (Std), Minuten (Min), Sekunden (Sek), gemessen.

④ 

Mit einer Waage wird das Gewicht in Kilogramm (kg) und Gramm (g) gemessen.

⑤ 

Mit einem Lineal oder Metermaß wird die Länge in Kilometern (km), Metern (m) und Zentimetern (cm) gemessen.

⑥ 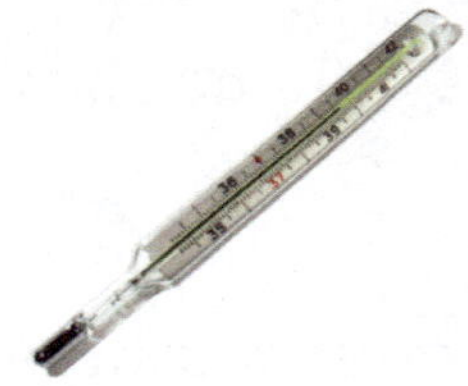

Mit einem Thermometer wird die Temperatur in Grad (°Celsius) gemessen.

⑦ Im Haushalt werden auch Messbecher eingesetzt. Mit einem Messbecher werden die Mengen von Flüssigkeiten in Liter (l) oder Milliliter (ml) gemessen.

⑧ Eigene „Messdaten“ kannst du auf der Umschlagseite hinten eintragen.

10

⑨ Miss mit einer Uhr, wie lange du morgens von zu Hause bis zur Schule unterwegs bist. Trage die Zeit ein.

____

Miss die Zeit, die du am gleichen Tag für den Rückweg benötigst.

____

⑩ Wiege dich morgens vor dem Frühstück auf einer Personenwaage. Trage dein Gewicht ein.

____

Wiege dich abends noch einmal, bevor du ins Bett gehst.

____

⑪ Miss mit einem Metermaß (Zollstock) oder Lineal die Länge deines Schultisches. Trage die Länge ein.

____

Miss danach die Breite deines Schultisches.

____

⑫ Miss mit einem Thermometer morgens (z. B. 8 Uhr) die Temperatur auf dem Schulhof. Trage ein.

____

Miss am gleichen Ort auf dem Schulhof um 12 Uhr die Temperatur.

____

⑬ Vergleiche die beiden Messergebnisse in jedem Kasten.

Eine Tabelle zeichnen und ablesen

① In einer Tabelle werden Texte oder Zahlen geordnet in einem Gittermuster zusammengestellt.

② Im abgebildeten Beispiel haben Kinder immer zur gleichen Zeit am gleichen Ort die Temperatur gemessen. Die Messergebnisse wurden in die Tabelle eingetragen.

③ Eine Tabelle setzt sich aus Zeilen, Spalten und Feldern zusammen.

Spalte

Temperaturmessungen vom 22. März bis 26. März 2010

Datum	Montag 22.03.10	Dienstag 23.03.10	Mittwoch 24.03.10	Donnerstag 25.03.10	Freitag 26.03.10
Klassenraum	19° (Grad)	20°	19°	19°	18°
Schulhof	6°	4°	8°	10°	12°

Zeile → (Klassenraum) | Feld ← (19°)

④ So sprichst du die einzelnen Felder an: Zuerst die Zeile, dann die Spalte. Beispiel: Die Temperatur im Klassenraum am Donnerstag = 19 (Grad).

⑤ Benutze zum Zeichnen von Tabellen Karopapier, Lineal und Bleistift.

11

⑥ Zeichne eine Tabelle zum Eintragen von Temperaturen.

⑦ Die Tabelle soll aus sechs Zeilen und sechs Spalten bestehen. Zeilenhöhe = 2 Kästen, Spaltenbreite = 6 Kästen

⑧ Trage in der obersten Zeile über alle Spalten hinweg eine Überschrift ein.

⑨ Ergänze nun die fehlenden Linien. Arbeite mit Bleistift und Lineal.

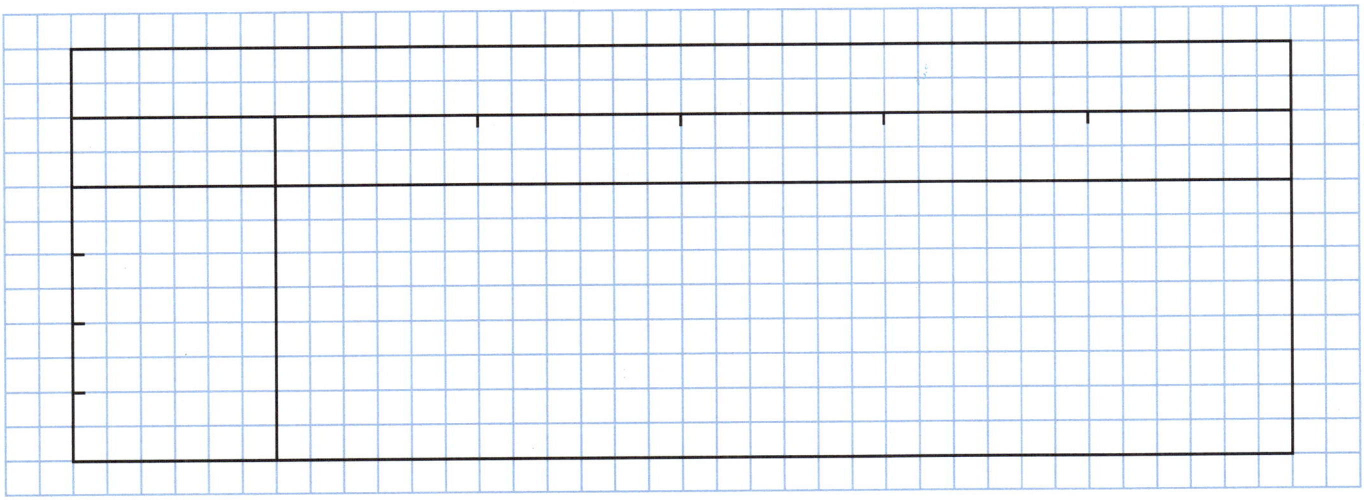

⑩ Trage in der linken Spalte in der zweiten Zeile zuerst das Wort „Datum" ein. Darunter trägst du Orte ein, an denen du Temperaturen messen möchtest.

Vergleichen

① Beim Vergleichen wird etwas betrachtet und geprüft. Dabei wird festgestellt, was gleich und was unterschiedlich (ungleich) ist.

② Gegenstände lassen sich nach Form, Farbe, Material und anderen sichtbaren Merkmalen miteinander vergleichen.

Wanduhr Armbanduhr Standuhr

③ Was ist bei den abgebildeten Gegenständen gleich? Zum Beispiel:
- Alle drei Gegenstände sind Uhren.
- Die drei Uhren zeigen die gleiche Uhrzeit an.

④ Was ist bei den drei Uhren unterschiedlich? Zum Beispiel:
- Die Wanduhr und die Standuhr haben Zeiger.
- Die Armbanduhr zeigt mithilfe von Zahlen die Uhrzeit an.

⑤ Vergleiche weitere Gegenstände miteinander (z. B. Federtaschen oder Füller). Vergleiche auch deine eigenen Messdaten auf Seite 21.

⑥ Texte und Zahlen in Tabellen lassen sich leicht miteinander vergleichen (Siehe Seite 11).

12

⑦ Betrachte die Fahrräder und vergleiche sie. Kreuze unten richtig an.

⑧ Was ist an den Fahrrädern gleich?

- ○ Lenker
- ○ Vorderrad
- ○ Sattel
- ○ Pedal
- ○ Rahmen
- ○ Hinterrad

⑨ Was ist an den Fahrrädern ungleich?

- ○ Lenker
- ○ Vorderrad
- ○ Sattel
- ○ Pedal
- ○ Rahmen
- ○ Hinterrad

Einen Text auswerten

① Lies den Text genau.

② Notiere unbekannte Wörter.
Frage nach der Bedeutung der Wörter.

③ Lies den Text noch einmal durch.
Textstellen, die wichtig erscheinen, unterstreichst du mit Bleistift und Lineal.

④ Überlege, welche unterstrichenen Informationen zusammengehören.
Wähle für jede Gruppe eine Farbe aus.

⑤ Unterstreiche die zusammengehörenden Informationen mit der gleichen Farbe.
Finde für jede Gruppe eine Überschrift.

Rehe

Männliche Tiere werden Rehbock genannt. Sie tragen ein Geweih. Der Name des weiblichen Tieres ist Ricke. Das Jungtier heißt im ersten Lebensjahr Rehkitz. Im Sommer tragen die Rehe ein rotbraunes Fell. Ihr Aussehen ändert sich im Herbst. Dann tragen sie ihr graubraunes Winterfell. Rehe können bis zu 30 kg schwer und 15 Jahre alt werden. Zum Lebensraum der Rehe gehören Wälder, Waldlichtungen, Wiesen und Felder. Rehe sind Pflanzenfresser. Zur Nahrung gehören Gräser, Kräuter, Knospen, Früchte und die Rinde von Bäumen.

13

⑥ Lies den Text und bearbeite ihn nach dem Beispiel von oben.

Der Rotfuchs

Der **Name** des **männlichen Tieres** ist wie bei den Hunden **Rüde**. Das **weibliche Tier** heißt **Fähe**. Die jungen Füchse heißen **Welpen**. Die Füchse haben auf der Oberseite ein rötlich braunes Fell. Auf der Unterseite sind sie weiß. Ihr **Aussehen** ist oft unterschiedlich. Füchse wiegen zwischen 5 kg und 8 kg und werden 12 bis 15 Jahre alt. Füchse haben ihren **Lebensraum** in Wäldern, auf Grasland, Äckern, aber auch am Rande von Siedlungen. Zu ihrer **Nahrung** gehören Mäuse, Regenwürmer, Kaninchen, Vögel, aber auch Früchte.

Einen Steckbrief schreiben

① Ein Steckbrief fasst in Kurzform die wesentlichen Merkmale einer Pflanze oder eines Tieres zusammen.

② Informiere dich zuerst in Büchern. Beantworte dann die Fragen, zum Beispiel:

③ **Name:** Wie heißt das Tier?

④ **Aussehen:** Wie sieht das Tier aus?

⑤ **Größe/Gewicht:** Wie groß ist das Tier? Wie schwer ist das Tier?

⑥ **Lebensraum:** Wo lebt das Tier?

⑦ **Nahrung:** Was frisst das Tier?

⑧ **Entwicklung:** Wie viele Junge bekommt das Tier?

⑨ **Besonderheit:** Was ist bei diesem Tier besonders?

Name: Eichelhäher

Aussehen: Gefieder rötlichgrau, Flügel blau und schwarz gestreift, am Kopf hell mit schwarzen Streifen

Größe/Gewicht: zwischen 32 und 35 cm, etwa 170 Gramm schwer

Lebensraum: Wälder, Parks, Gärten

Nahrung: Früchte, Samen, Getreide, Eicheln, Bucheckern, große Insekten, Vogeleier, kleine Jungvögel

Entwicklung: 4 bis 6 Eier, die Jungen schlüpfen nach 16–17 Tagen

Besonderheit: mit einem kreischenden Alarmruf warnt er vor Feinden

14

⑩ Schreibe einen Steckbrief über den Buntspecht.

Das Gefieder des Buntspechtes ist an der Oberseite schwarz gefärbt. An den Flügeldecken sind weiße Steifen, der Unterschwanz ist rot. Der Buntspecht ist etwa 23 cm lang und wiegt 60 bis 90 Gramm. Er lebt in Wäldern, Parks und Gärten und frisst im Sommer hauptsächlich Insekten und Larven, im Winter Nüsse, Beeren und Samen. In eine Nesthöhle legen Spechte 4 bis 7 Eier, die Jungen schlüpfen nach 11 bis 13 Tagen. Der Specht zimmert fast jedes Jahr eine neue Nesthöhle in alte, kranke Bäume. Verlassene Spechthöhlen werden gern von anderen Tieren genutzt.

Name: ______________________

Aussehen: ______________________

____

____

____

____

Größe/Gewicht: ______________________

____

Lebensraum: ______________________

____

Nahrung: ______________________

____

Entwicklung: ______________________

____

Besonderheit: ______________________

____

Nach einer Anleitung bauen

Falte dir das Fingerspiel „Himmel und Hölle“.

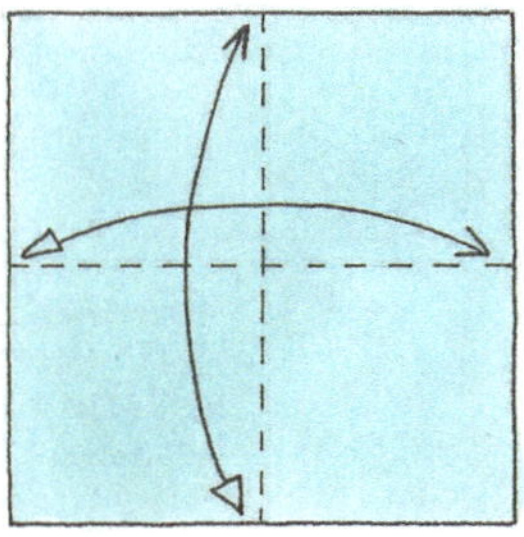

① Falte waagerecht und senkrecht und entfalte wieder.

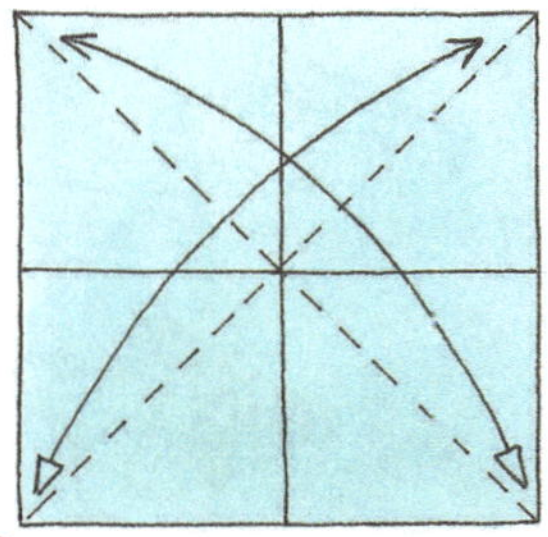

② Falte diagonal und entfalte wieder (Große Zahlen unten).

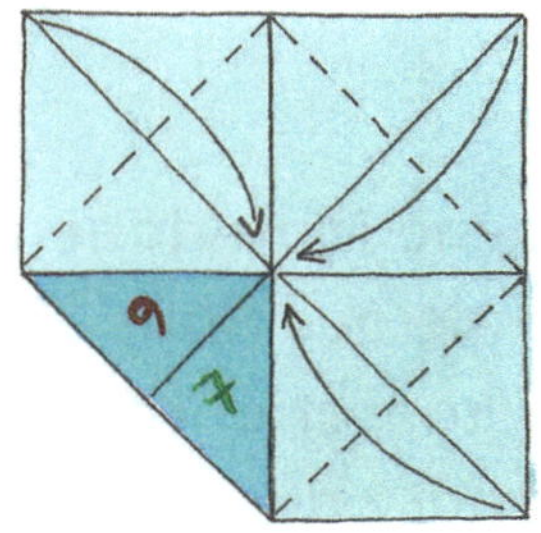

③ Alle vier Ecken werden zur Mitte gefaltet (Große Zahlen oben).

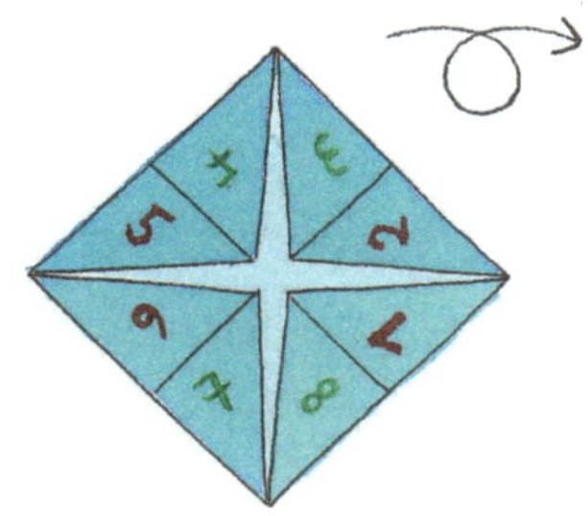

④ Die Zahlen liegen oben. Nun das Viereck nach unten umdrehen.

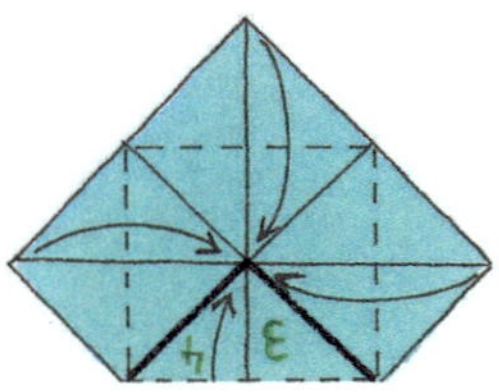

⑤ Nun werden alle 4 Ecken noch einmal zur Mitte gefaltet.

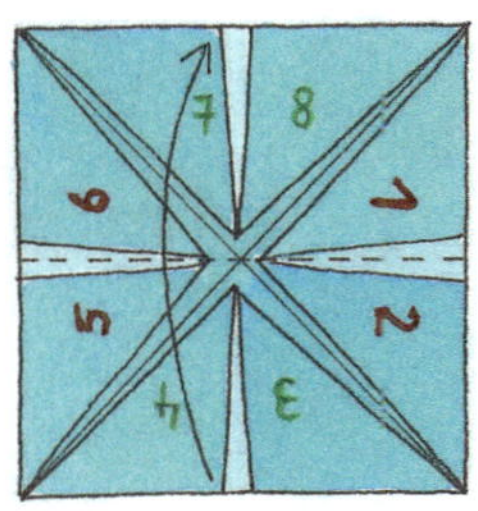

⑥ Die untere Hälfte wird mehrfach nach oben und unten gefaltet.

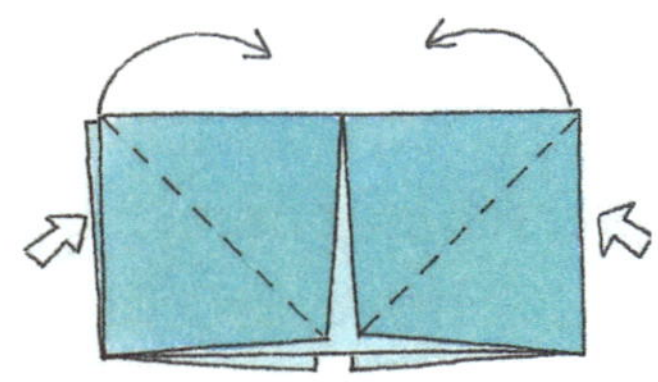

⑦ Greife von unten in die 4 Taschen. Forme das Modell zur Nr. ⑧ aus.

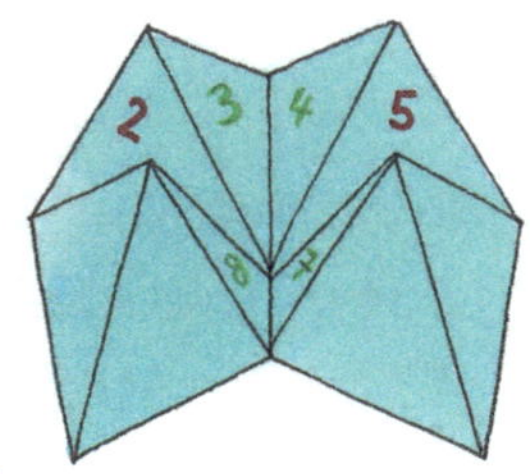

⑧ So sieht das fertige Spiel „Himmel und Hölle“ aus.

⑨ Male die Zahlen 1, 2, 5 und 6 rot aus. Male die Zahlen 3, 4, 7 und 8 blau aus.

⑩ Male in die Felder mit den kleinen Zahlen Bilder.

⑪ Mögliche Spielregeln:
A) Ein Kind nennt eine Zahl zwischen 1 und 8. Das andere Kind bewegt das Fingerspiel und öffnet die Lasche.
B) Das Fingerspiel wird geschlossen gehalten gedreht. Nun muss die Farbe blau oder rot vorhergesagt werden. Wenn die Farbe stimmt, gibt es einen Punkt.

(Die Vorlage kann durch beidseitiges Kopieren vergrößert werden: DIN A5 auf DIN A4.)

Konstruieren und erfinden

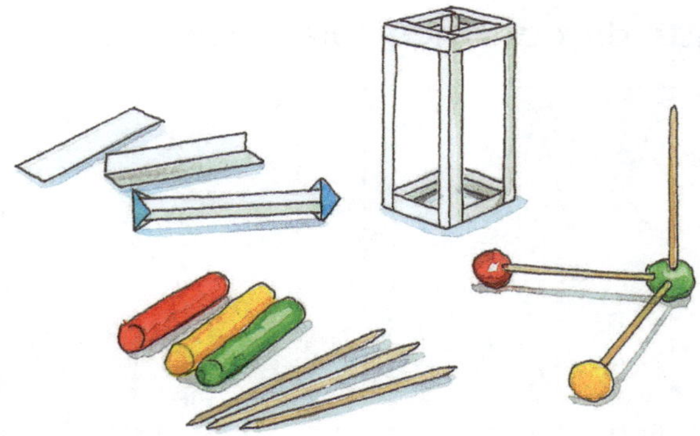

① Zum Konstruieren benötigst du Baumaterialien.

② Verwende verschiedene Materialien, zum Beispiel Bausteine aus Holz oder Kunststoff. Du kannst auch Knete und Zahnstocher oder Papier benutzen.

③ Versuche mit möglichst wenig Material hohe „Bauwerke“ zu errichten.

④ Baue nun aus den verschiedenen Materialien Brücken. Erfinde Brücken, die große Strecken ohne Stützen überbrücken.

Diese Seite gehört zum Fingerspiel „Himmel und Hölle“ von Seite 15.

⑧

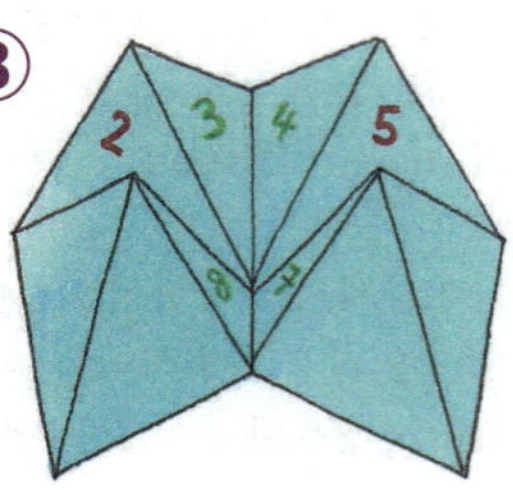

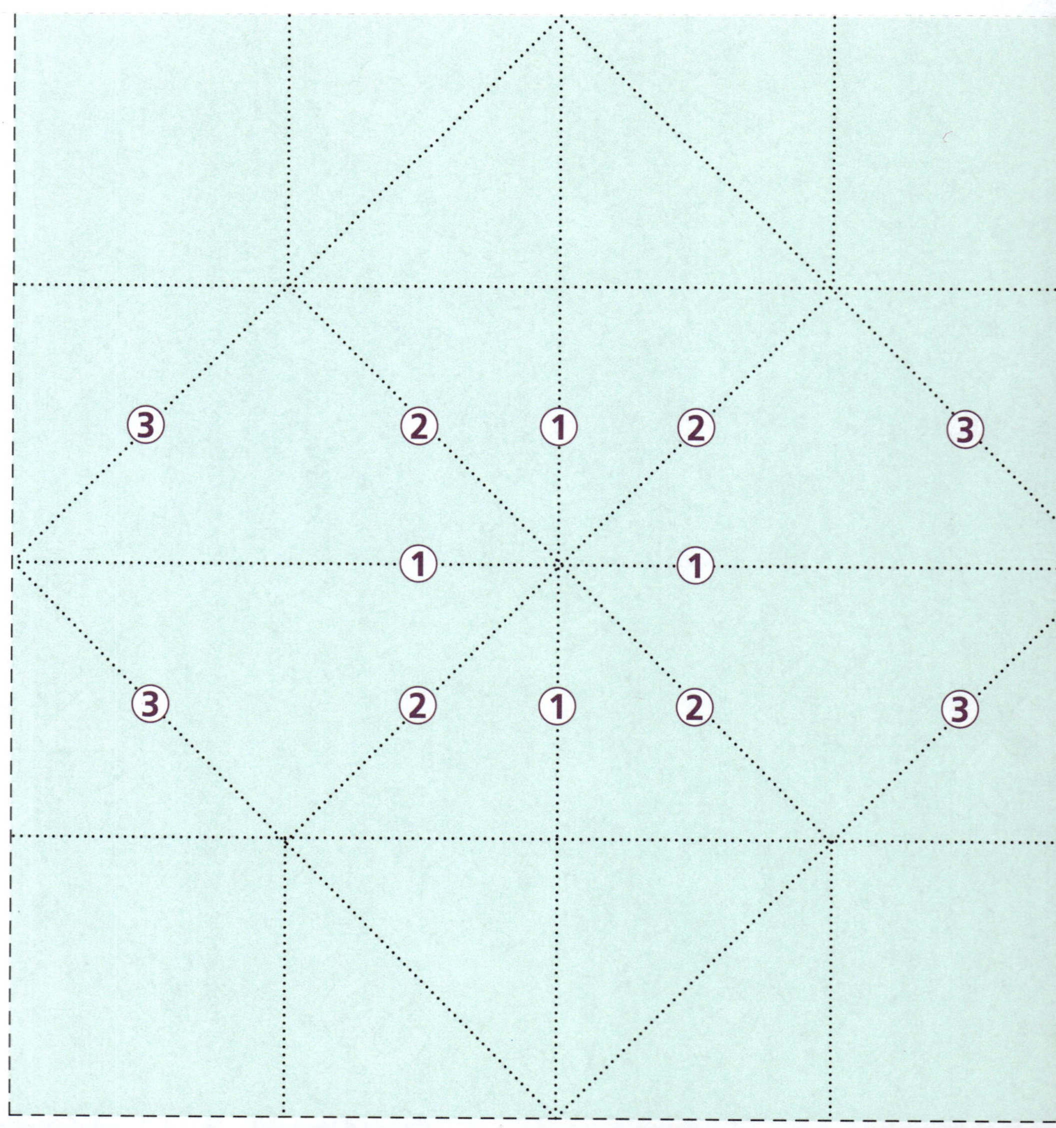

Ein Experiment planen …

Die Planung und Durchführung eines Experiments wird in fünf Abschnitte unterteilt.

① ***Frage*** **➔** Was will ich herausfinden?

> Schwimmen Weintrauben im Wasser?
> Schwimmen Weintrauben in Mineralwasser mit Kohlensäure?

② ***Vermutung*** **➔** Wie könnte das Ergebnis ausfallen? Notiere die Vermutung.

> Weintrauben versinken im Wasser und im Mineralwasser.

Planung ➔ Plane das Experiment. Überlege, welche Materialien benötigt werden. Besorge die Materialien. Dann erfolgt der Versuchsaufbau.

(Fortsetzung auf Seite 18)

17

– Trenne diese untere Seitenhälfte vorsichtig heraus.
– Schneide die beiden Doppelseiten entlang der Schneidelinien – – – aus.

Regeln beim
xperimentieren

- Gehe vorsichtig mit den Materialien und Gefäßen um.
- Lies die Anleitungen vorher durch.
- Lege das Material nach Gebrauch zurück.
- Säubere zum Schluss den Arbeitsplatz.

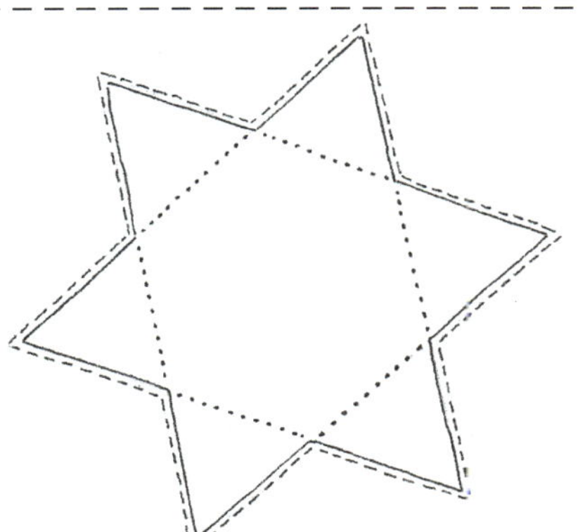

Zeichen- oder Kopiervorlage für eine Seerose

⑧

Kleine Experimente

Name: ______________________

①

Die zauberhafte Seerose

rage: Kann sich geknicktes Papier von allein entfalten?

ermutung: ______________________

____

u benötigst:
- die Vorlage einer Seerose aus Papier,
- Buntstifte,
- eine Schale mit Wasser

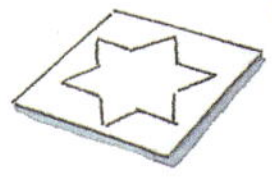

⑥

Durchführung: Stelle das Glas auf die Münze. Schaue von der Seite ins Glas. Die Münze ist sichtbar. Gieße Wasser ins Glas. Schließe den Deckel. Beobachte!

Ergebnis: ______________________

____

Begründung? ______________________

____

③

… und durchführen

(Fortsetzung von Seite 17)

③ ***Durchführung →*** Befülle ein Glas mit Wasser und ein Glas mit Mineralwasser. Lege in jedes Glas eine mittelgroße Weintraube. Beobachte!

④ ***Ergebnis →*** Im Glas mit Wasser bleibt die Traube unten liegen. Im Glas mit Mineralwasser liegt die Traube erst unten. Nach einer kurzen Zeit steigt die Traube auf, sinkt wieder, steigt wieder auf und sinkt wieder. Vergleiche Ergebnis und Vermutung.

⑤ ***Begründung →*** An der Traube im Mineralwasser sammeln sich die Bläschen der Kohlensäure. Dadurch wird die Traube leichter als Wasser. An der Oberfläche lösen sich die Bläschen von der Weintraube. Dadurch sinkt die Weintraube wieder ab.

18

– Lege die Seiten zusammen. Die Seiten liegen richtig, wenn die Seitenzahlen ① bis ⑧ in der richtigen Reihenfolge sind. Hefte dann die Seiten zusammen.

Die verschwundene Münze

Frage: Kann Wasser eine Münze verschwinden lassen?

Vermutung: ______________________________

____

Du benötigst: ein leeres Marmeladenglas mit Deckel, eine Münze, Wasser

②

Durchführung: Zeichne eine große Seerose oder vergrößere die Abbildung auf Seite 6 durch Kopieren. Male die Seerose an. Schneide sie aus. Knicke die Blütenblätter nach innen. Lege die geschlossene Seerose vorsichtig auf das Wasser. Beobachte!

Ergebnis: ______________________________

____

Begründung? ______________________________

____

⑦

Die tanzende Münze

Frage: Kann sich eine Münze ohne Berühren auf der Flaschenöffnung bewegen?

Vermutung: ______________________________

____

Du benötigst:
- eine Mineralwasserflasche ohne Verschluss
- eine 20-Cent Münze

④

Durchführung: Befeuchte ein wenig die Münze und die Flaschenöffnung. Lege die Münze so auf die Flaschenöffnung, dass sie verschlossen ist. Umfass mit beiden Händen die Flasche. Beobachte!

Ergebnis: ______________________________

____

Begründung? ______________________________

____

⑤

Ein Plakat gestalten

① Diese Materialien werden benötigt: ein großes Blatt, festes Papier, dicke Stifte, Schere, Kleber, Bleistift, Radierer.

② Ein Plakat wird nach folgenden Regeln gestaltet:
- Plane die Gestaltung des Plakates. Zeichne dazu eine kleine Skizze.
- Wähle eine eindeutige Überschrift. Schreibe sie groß.
- Wähle Bilder, Zeichnungen und Text sorgfältig aus. Ordne diese auf dem Plakat übersichtlich an.
- Plane einen Rand ein.
- Klebe erst dann auf, wenn die endgültige Anordnung feststeht.

③ Das Beispiel zeigt ein Plakat über die Haselnuss.

④ Zum Befestigen des Plakates werden Kreppband, Magnete oder Haftstreifen benötigt.

19

Hinweis: Diese Seite ist die Rückseite vom Präsentationsbuch (Seite 20).

Plakatentwurf

⑤ Gestalte ein Plakat über dein Hobby.

⑥ Plane die Gestaltung mithilfe einer Skizze. Arbeite nur mit dem Bleistift.

⑦ Denke an die Überschrift.

⑧ Zeichne dort einen Rahmen, wo du Bilder aufkleben möchtest.

⑨ Notiere in Stichworten die Texte.

⑩ Erstelle das Plakat nach deinem Entwurf.

⑪ Hänge das Plakat auf und stelle es vor.

Präsentieren

① Präsentieren bedeutet, die Ergebnisse einer Arbeit anderen vorzustellen. Präsentationen erfolgen oft in Form einer Ausstellung.

② Plakate oder Poster werden an Wänden oder Stellwänden befestigt.

③ In Kisten können weitere Materialien vorgestellt werden.

④ Bücher und Lexika liegen auf einem Büchertisch zum Nachlesen und Beantworten von Fragen bereit.

⑤ Die Aussteller stehen bereit, um als Experten Fragen der Besucher zu beantworten.

⑥ Trenne die Seite heraus. Falte das Präsentationsbuch (Anleitung siehe Seite 6).

⑦

– Plakate gestalten
– Texte/Bilder aufkleben

⑥

– Einen Plakatentwurf skizzieren

⑤

– Informationen notieren
– Steckbrief schreiben

④

– Sich informieren
– Texte auswerten

– Plakate aufhängen
– Materialien auslegen

⑧

Planung einer Präsentation

Name:

①

– Material sammeln
– Bilder sammeln

②

– Material sortieren
– Material bestimmen

③